PROPÓSITO DE LUZ

Isabel Serrano

COLECCIÓN ITES

PROPÓSITO DE LUZ

© Isabel Serrano Rubio
© Prólogo: Lluïsa Lladó
© Diseño de portada: Anna Sierra
© de esta edición: Olé Libros, 2025

ISBN: 979-13-87620-16-5
Depósito legal: V-1067-2025
Impreso en España

KALOSINI, S. L.
Grupo editorial olélibros
equipo@olelibros.com
www.olelibros.com

A mis padres Juan y Rosa, a mi hija Anna, a su siembra

A la naturaleza, a su condición de nido

A Pedro González, profesor y amigo,
por contagiarme la pasión literaria

A mi compañero Santi, agua y aliento del camino

PRÓLOGO
La orquestación

La naturaleza se compone de cuatro elementos, o al menos así lo entendieron los antiguos desde la visión aristotélica: agua, fuego, tierra y aire. Con ellos intentaron explicar la materia, el cambio, la vida misma. Isabel Serrano los toma en este libro como eje, pero no se limita a nombrarlos: los experimenta, los descompone y los reconstruye a través del poema.

Su escritura tiene la precisión de quien observa con detenimiento, de quien mira más allá de la superficie. No es casual: su pasión por la fotografía la ha llevado a entrenar la mirada, a capturar lo efímero, a dar testimonio de lo que a menudo pasa desapercibido. Pero Isabel no se detiene en una única forma de expresión. Su amor por lo creativo la ha llevado a explorar el dibujo, el *collage* y la cerámica; a dar forma a las ideas con las manos tanto como con el verbo.

Este libro es reflejo de esa inquietud. No es solo un recorrido por los elementos, sino un diálogo con ellos. El agua aquí no solo fluye, sino que marca huellas; el fuego no solo consume, sino que moldea; la tierra no solo sostiene, sino que recuerda; el aire no solo transporta, sino que transforma.

Quien lea estas páginas descubrirá que en cada imagen hay una estructura precisa y una construcción meditada. Porque Isabel crea como quien observa, pero también como quien busca, como quien sabe que la belleza no es solo inspiración, sino trabajo, prueba, insistencia.

Ahora, ella nos entrega un poemario que es, a la vez, geografía y fenómeno: cuatro partes que se corresponden con los elementos primordiales, pero también con el tránsito de la energía.

Desde la humedad amniótica del agua hasta la combustión irreversible del fuego, desde la solidez fértil de la tierra hasta la ingravidez huidiza del aire, este libro no se conforma con describir. Analiza, indaga, experimenta. Isabel compone cada verso con la precisión de quien disecciona el mundo, pero con la entrega de quien se sabe parte de él. Su mirada poética nace desde la perspectiva de un ser que convive con su entorno y lo conforma, y es una invitación a desconectar del mundanal ruido, a evadirse de la cotidianeidad que nos devora.

Que sus versos nos sirvan de espejo y de puerta. Que nos renueven como solo lo hacen el tiempo y los elementos para dar testimonio al origen de la violencia en un determinado contexto personal, la pasión amorosa al límite y sus preguntas sin respuestas como una barca, sinónimo del ser que se enfrenta a circunstancias adversas para resistir a los embistes propios de las relaciones humanas.

Leer este libro es sumergirse, arder, enraizarse y elevarse. Es un viaje a través de lo esencial, con la retórica como brújula y el pulso como guía.

Lluïsa Lladó

YO, AGUA

Entre los zarzales busco,
a pesar del rasguño,
busco.
Como hurgo en ti,
fruto carnoso y dulce,
rodeado de espinas.

JORGE ORTIZ ROBLA

Bendecir el silencio como un pan
y estirar los límites
hasta el precipicio de un peligro
que no sientes.

Construir sobre la herida
para no parar, para no perderse, sostener
la mirada cuando ya te has ido.

(Yo no nací. Me dejé caer)

Existir a destiempo
y ser
y no querer ser
MUJER. Agarrarse
al propósito
de sitiar, de extirpar, de extinguir, de ahogar, de arrancar
la violencia
del padre.

Levantarse,

(recuerda, me dejé caer)

sobrevivir a la lenta redención,
al desarraigo sin ventanas.

(Y dejar marcas donde no volver)

Hay infancias que no debieran durar
que debieran ser breves como un trueno y ahora
sigo aquí, recién llovida.

(Me dejé caer. Vine para quedarme)

Fue al asomar,
lo viscoso, la herrumbre...

la luz devanando los ojos,
los dedos entumecidos,
lo ignoto en las escápulas del frío
el cuerpo suturado de miedo.

Se apagó el aire
y la hojarasca te precipitó al suelo.
Las nervaduras, aún frescas
pintaron pequeños surcos
en el tránsito de tus rodillas.

Los nódulos de la culpa
con su laxo pálpito,
como una columna de hormigas
te sembraron de pústulas
las laderas del vientre.

Reverbera esta ira
en la fragua garganta
y no aciertan las manos
a seccionar sus raíces
en la neblina del barro.

¿Dónde los agravios
si no sobre tu espalda...?
Y del palosanto su lengua
como una lija incandescente
sellándote la boca.

Respira. Ya cesó el ruido.
Libera a las libélulas.
Que te muestren el camino,
su propósito de luz.

Hay encuentros que no se dan
porque tus monstruos antiguos gritan
y bajan a pulmón hasta mi bazo
con su vergonzante galope de varas tullidas
buscando razón o venganza.

Hay puentes que no atravieso
porque observo tus cabos desgastados
y su lastre de abruptas formas,
y mesuro la amenaza, la repetición,
la posibilidad
de que me anude en la larga incertidumbre
de tus áridas certezas.

Hay mareas que no se apagan,
Penélope, ahora eres tú la que viajas y ya no esperas,
te lo recuerda tu hija,
no más que a ti misma,
no lo viejo
ni los amarres, ni las promesas...
sola tú y tu equipaje, sólo.

Hay un barbecho de palabras
anidando en tu garganta
intentando significarse
y también el martilleo sordo de su mirada
hincada en tus huesos, por si huyes.

Hay, madre, una hoguera que arde
con todas las fotos de familia

pensabas, pobre, que así
ardería también
nuestro maltratador.

De haberlo hecho, hoy sería más fácil zarpar.

Tarde rompecabezas.

No se fijan los pensamientos.

Solo la incertidumbre
como una riada de barro
arrastrando la compasión
y el rojo de los semáforos.

Nada es presente, y corres,   corres
como lo hacen las gacelas
al sentirse amenazadas,

hacia ninguna parte.

Golpeas una y otra vez,
y sigues, sigues... ¿hasta cuándo?
Con ahínco el dolor se reparte hasta perderse en el ombligo.

El silencio es un mordisco
que no penetra, pero sacia.
Entre los divertículos
el metano te retuerce.

Me observo dilatado
y tus manos cóncavas sobre mí,
caricia y cuna
para una redención que no llega.

No comas, te pido.
Échame un puñado de tierra,
cuatro árboles que andar
y una plegaria de sueño.

Respírame y ¡bebe, bebe, bebe!,
saca el agua estancada
y con la provisionalidad de un gesto
devuélveme al mar.

Infinita.

Algún día se abrirán las costuras de tu pecho
y regresará la niña de ojos color miel

 la del flequillo y densas coletas
 la que se subía a la higuera
 y se columpiaba en el balancín,
 la que armaba bombas fétidas
 y saltaba por los regueros,
 la que curaba a los pájaros
 y conversaba con las cabras,
 la del terrario y los bichos bola,
 la niña madre a deshora,
 la adolescente insumisa,
 la curiosa, la despierta,
 la rebelde, la desapegada,
 la que bordaba sábanas
 y mecía cunas
 la que huyó de casa,
 la que se sostuvo un día, y otro, y otro, y otro.

       ... su risa rasgaba el cielo.

Sed, solo sed durante todo el recorrido
y lejos, muy lejos las huellas de otras vidas.

NEUS AGUADO

Ya estuviste aquí,
ya reinaste en este reino
pero nunca te atreviste
a asomar al reciento de tu alma.

Y hoy regresas a esta fortaleza
a la misma hora,
con los mismos ojos...
¿Qué pretendes encontrar?

Escribe los secretos de tu vientre,
el desvelo de esa danza antigua
que has vedado a la luz
y repica como el frío en tu ventana.

Ríndete al vértigo inocente,
al saber que nunca supimos
y compra ese instante de soledad en el espejo,
la alquimia de poder verte.

A veces lo difícil no es regresar
sino encontrar el camino a casa,
aprender que nunca abandonaste el paraíso
aunque ahora no seas capaz de verlo.

Jo vinc d'un silenci que no és resignat.

RAIMON (CANTAUTOR)

Yo nací en una casa en donde los libros
no eran muebles necesarios,
llegué con derecho a la alegría,
jugando a encontrar rendijas de luz
como un estandarte
de una certeza indefinible y clara.

Yo nací como nace un árbol,
a la orilla de un camino,
expuesta al combate,
bandera de encendidas pupilas
con el tronco arañado
y la carne cosida a secretos.

Yo nací cristal o roca,
para los que necesiten saber
de madre creativa y padre ausente,
barro que no encaja en las paredes,
animal que calla y observa
o embiste y contesta si se le daña.

Yo nací frondosa y frugal
con el pelo del color del fuego
y los brazos de los helechos
para danzar esta luz inversa
a ratos de tormenta y pedregal,
de cristales de niebla
rompiendo en la albura del pecho.

Yo nací agua, ritual sinérgico,
corriente savia, mujer en celo
raíz hendida en la disidencia
para fraguar poemas luz
que nos sacudan y trasformen
con el cincel de la palabra.

Sigo en ello, tomo notas, busco nuevos significados.

No vives a la altura de tus capacidades,
vives a la altura de tus creencias.

ÁLEX ROVIRA

¿La jaula?, ¿qué jaula?

Esa, que solo existe en tu pensamiento.

Deja volar al pájaro
que lleva tus alas
y en su vuelo te nombra

el cuerpo elegido,
la voluntad temerosa
de materializar sueños,
de contarte a ti misma.

Permítete caer, la posibilidad de que suceda.

Mi universo es escaso en razones
y extenso en vacíos.

José Fernández de la Sota

Cuánto dura lo que dura,
y para qué entregarse a ello,
para qué vertebrar lo antiguo
como si fuese a durar.

Déjame vaciarte de razones,
déjame apretar el botón
y cancelar la memoria,
enseñarte que el pasado
no existe en ningún lugar.

Del otro lado de la pantalla   te veo llegar a casa

Eres
la maga que ignoro   la que viaja sin mapa,
la trama, el escenario   el público y el aplauso.

Eres
la sed en tu mesita   el sueño aplazado
el labio incandescente   el cofre fetal.

Eres
la caracola que brama   la primavera perenne
la raíz hendida   la piedra basta.

Desnuda danzas   en la apariencia de los días.
Sutil te elevas   sobre el arco de la existencia.

Tú que siempre acudes   a la esquina de la luna
y de puntillas tejes   palabras con los ojos.

Aprieta el botón.

En las cancelas de lo nuevo repica la incertidumbre,
deja que su llave te muestre el camino y avanza.

La memoria del agua también cuenta de lo amniótico,
de mis orillas inclementes,
del despertar de nuestros sapos.

Y aunque el viento mueva

la palabra árbol,
la lumbre de los días
el propósito del agua

mueren a diario los ríos

en lo tácito de mi útero,
en la efímera misericordia del sol
bajo la pelusa de los álamos.

Corren tras la luz profética,

en la basta sed entre el amor ausente y la necesidad
de pertenecer,
con el mismo ímpetu que la metralla impacta en el mar.

Silencio,
yo sé que todo está en ti.
Cuando la sacudida termine
dejarás de estar donde todo está.

Te habrás ido.

Adéntrate en la muerte
vacía como llegaste
y no busques perdón ni gracia
donde no existe la culpa.

Tú que fuiste animal de lluvia
arroja tu saliva sobre lo humano,
reparte las últimas monedas de piedad,
implora que los días nos sean favorables.

Y aunque tu cuerpo desaparezca
de la devastada carne del mundo
busca un árbol

... que su sombra te proteja ahora y siempre.

Las sonajas de la noche me arrullan en lo bravío
que no cesa y asoman
                              (horadando mi deseo)

tus palabras que resbalan entre mis muslos y funden la nieve
vítrea de la cuenca de mis ojos.
Rompen

tus olas recreadas entre mi espalda y mis senos y se regresan
mis manos al erial uterino. Es tu revuelta,

como un faro, sus azaleas blancas, como un sueño adentro
y mi orilla espumada, lo que no anduviste sin contención.

Escapar al hombre porque nada sé de ti y no hay terraplén
que arredre   al mar.

Desármame.
Que no palpite mi bazo,
que se deshaga esta tormenta,
que no se revele el vómito,
que no griten mis caderas
y acabe marchándome,
que perdure la mirada placenta
el paisaje puro, su esencia.

Dime que sigo aprendiendo,
que no es de sombra y hambre
este nuevo nido.

Apágame este viento agreste
con su rumor mentira,
este juicio en llamas
amortajando el pensamiento.

TÚ, FUEGO

De vez en cuando
es recomendable detenerse
en el limite
para calibrar
hasta dónde llega nuestra noche.
MONTSE ORDÓÑEZ

Alguien debe habitar tu cuerpo
cuando de repente se diluye el juego
y se nutre de niebla hasta la ceguera.

Abre tus manos y mira con ellas
aquello que los ojos niegan,
ese lento acceder, ese bucear incansable.

Siente esa invitación del alma
a deambular por hostiles parajes,
a disolver en un haz de luz tu coraza.

Guardo en el libro de las horas
aquellos días en que pierdes la belleza
y vaga por la casa el desaire de tu ira
y no suben las persianas...

Esos en que sientes
que perdiste el último tren,
esos que te inundas de tristeza
y asido al pasado
en tu dolor me arrastras.

Quien vive temeroso, nunca será libre.

HORACIO

Inalcanzable el mar
cuando te desdoblas airado
con el tacógrafo en el pecho
y las amarras cosidas a la espalda.

¿Acaso te peso?

A mí me ahoga lo desbocado,
la ceguera que no atiendes
y esa ausencia tan canalla
aderezada con puñales de sal.

No me arañes los ojos
en tu laberinto de espejos
ni enhebres mi cuerpo
con tus gruesas agujas.

Escupe esta epifanía que duele,
sus fogonazos de sombra,
el gris de la palabra perdida
mordiéndome las uñas.

Que regrese el día luminoso,
con su umbral efervescente
y arrastre la sangre perezosa,
la seca saliva, los flecos del miedo.

Tímido asomas a mi primavera,
como el jilguero posado en el alféizar del celo.
Tu mirada me regala ese vuelo primero   el batir de tus alas.

Huelo en tu piel de nido las varas de cáñamo fresco
y entre el poso del café   sobre la luz intacta

me salivas las raíces con tu savia de barro
que cree, que crea en mí palabras   impronunciables.

Placiente aquelarre esta tarde con sus barandas y asideros
y sus pestañas levantadas por el placer de un poema.

Regresas Ícaro
    negro sobre blanco   con el vello erizado   efímeras alas
    pidiendo un abrazo   húmedo y prieto
                           [en lo que dura una canción.

¿Acaso no caen los pájaros de sus nidos...?

Vuelves sin haberte ido.

Con tu lengua de acero empapada de rima
y la menta y chocolate quemando en tu bolsillo,
con tu roce de árbol y tu salmo de lluvia.

Lo sabe la luna que siempre está, su masa madre.
Esa musa que nos acerca y nos enciende.

¿De qué hablan los pájaros en el reencuentro?

La memoria es sonora, susurras sobre el pentagrama.

Blanco sobre negro, fundidos en las sonajas de la tarde

y ese aire salobre y sediento que nos trajo a este hilo

                               ... como la primera vez.

Disparas sin apuntar,
de cerca y en todas las direcciones.
Disparas,
sin mesurar el peso
de las palabras.

Y yo te ofrezco el corazón
como diana y espejo.

No escuché la sentencia
que ahora regresa al oído
como una bala perdida.

No levanté la vista
para enfrentar al enemigo.
No asomé a la herida
ni desarmé el proyectil.

Te miro y permanezco.
Guardo silencio.

En algún momento
el francotirador
encontrará su paz
y será para todos
reconciliación y victoria.

En paralelo ando contigo,
las escuálidas sombras
del rancio pensamiento.

Imploro razones de bosque,
caminos como ojos de niebla
para cuando salgamos

ya otros, ya distintos

amoratados los cuerpos,
con barro en los zapatos,
arrastrando un destierro
sin movernos.

Quisiera atravesarte como un continente,
sumergir tus contrastes en un barreño,
esculpir en barro tus peculiaridades,
libarte con la lengua umbilical.

Quisiera
esquilmar tu sombra de granada ácida
con la misma voluntad que un machete
se abre paso en mitad de la maleza
o rebaña lo podrido en la fruta.

Quisiera
roturar tu cuerpo y sacudirlo
hasta encontrar ese yo
que dicen lleva nuestro mismo nombre
y con quien compartes vigilia y candil.

Quisiera
que los tuyos y los míos
fuesen los mismos *quisiera*,
pero seguimos masticando metralla,
somos nuestro propio blanco,
el cuerpo de la batalla.

Cómo materializar lo innombrable
cuando escapas desbocado.

                    En la breve distancia

no hay asideros en la garganta
donde elevar la palabra.

Cómo saber del espacio común
si no te reconozco

                         en lo que hay

cuando en la tensa superficie del agua
tus pasos no dibujan círculos,

cómo entrar en el silencio
de tus óvalos sonoros
                    cuando permaneces

pintando orgasmos
en la sombra de la duda.

¡Oh, capitán! ¡Mi capitán!

WALT WHITMAN

En las velas de la noche
noto el casco de tu barcaza,
tus dedos hilados de mar,
el timbal de tus corrientes.

Quédate en mí,
inquieto como viajas,
atraca entre mis pechos,
descuélgate en mis rizos.

Sángrame el labio a versos,
capitán de tus ansias
de lunáticos sueños
descansa en mi espasmo.

Tú que ruedas sobre la mar
y atraviesas umbrales.
Tú que nombras
a los que entran y salen.

Que tu estela desove
ese rumor de piedra
en mi urdimbre de viento
y encienda esta madrugada.

Que tiemble tu estertor de luz
corriendo entre las piernas,
que sea hoy mía
tu voluntad de faro.

Desbocados los días
declaman en los faros
como esta lluvia cainita
con que avivas el fuego.

Desnúdate y danza,
que regrese el equilibrio,
la mirada sin expectativa,
la virtud del silencio.

NOSOTROS, TIERRA

Afuera el otoño prosigue sin nosotros.
Con qué facilidad ceden las hojas.
Las oigo en el último soplo del aire
dejando así ese lugar que desaparece.

LINDA PASTAN

Sobre los pasos, el lenguaje contenido de la pluma
que titila,
                        con sus hebras mentales
y la aguja que sutura los desgarros de la carne,

Quisimos afondar el fardo pensamiento
desposeernos de la memoria,
                                          aposentar el cieno

hasta que vadear la vida nos resultase más liviano.

Remamos
con la benevolencia del pan, asidos al propio cuerpo

como un mástil

implorando ser caudal, río sin adherencias,

            desapegarnos del lastre rutina
                        cuando nos muestra sus anclas.

Dejamos de arañar la niebla,
                  de clavar   las palas en el lecho (cuerpo),
de presagiar naufragios
                  y desplegar   los miedos.

Para ser propósito de agua,   fluido vivo

a tramos desbocado y a tramos contenido.

Humedal abrazo,
ensenada encuentro,
niños meandro en la caridad del frío.

Duele este rumor de contractura,
la pérdida de energía,
duele la brecha dignidad,
no haber atendido las señales.

Si querer es una llave,
¿por qué no abre la paz?,
¿por qué oxida la palabra?,
¿por qué usurpa y apaga?

Se nos quedó grande
el vocablo amor
y el corazón se des-aprende
y nos borra el camino.

Susurra la primavera
que ella acudirá puntual
aunque el árbol que plantamos
esté en sombra y no dé frutos.

Abrazo su fortaleza raíz,
la cosecha y el barbecho,
la claridad abundante,
la posibilidad de volver a casa.

Todo el tiempo era el tiempo,
un salmo rugiendo entre tu pecho y mi vientre,
la dulce incontinencia del labio,
el tránsito hasta tu casa,
el bosque resonante de pasos
y el racimo de risas.

Coincidir era eso, sentirnos vivos.

Apurar las noches,
perderse en la niebla
tumbarse en un campo de amapolas,
amarnos en mitad de una tormenta,
tropezar y arañarnos los ojos,
acordarnos del dios del equilibro.

Y levantarse, y no mirar atrás.

Nos brindaron un camino
y la oportunidad de aprender
y regresaron nuestros niños,
de fuego y aire, de agua y bosque
a restañarnos las heridas.
Lo hicieron bien, no los culpes.

Vientos altanos golpean los pezones
y acude la sabia a la más alta constelación
donde el cielo descansa la mirada
y acude burbujeante la sangre
a encender el horizonte.

Se abre incierto el mar a la lengua afluente.
¿Quién viaja en ti, qué fuerza desmorona la piedra?
¿De dónde el regusto a almizcle, la hiel asomada a tus labios...?

Se troca el deseo, como el hambre, insatisfecho
y embarrancan los cuerpos en el lodo.

¿Cómo regresar de la nada, cuando todo es deriva?
¿contra qué botar los pensamientos...?

Bombea, bombea que acuda el corazón
a proseguir la vida,
deja que el agua y el fuego se apareen
                que se reconozcan nuestras bestias

en la caída, en la fertilidad maltratada.

Despertamos.
Yo sin mí y tu como casi siempre solo
corriendo en sentidos opuestos,
con el tacógrafo a la espalda
y ebrios de pena.

Inútil fue pedir unas alas
que a-rra-sen el pensamiento
y nos traigan de vuelta...   o te alcancen.

Compasivamente grises
como las rotundas alas de los cormoranes,
ofuscadamente densos
como las sombras que nos apuntan.

No te puede ni te quise contener.
Naufragamos en la orilla.
Había que ahogarse.

Habitarte en la noche
con los ojos insomnes.
Dejar que la luz trace caminos
para andarlos con el olfato
y las manos, a tientas.

Acudir al recoveco de tu pecho
extrañamente hermoso
con la tímida torpeza
y la serenidad porosa
de cuando mis veinte años.

Y encontrar la complicidad
en el gesto de tu beso.
Venías con la gracia del abrazo
y el cuidado cuna,
con la pasión helada.

Y nos dejaron *ser*,
inéditos de rutina
y sobre todo indecisos
en la dificultad del lenguaje
que se articula en la piel.

Infiel alevosía la del hábito,
premeditada e incómoda
de pan y vino por fermentar
que hoy reaparece cuando despierta
el práctico saber mi cuerpo.

De los racimos de la tarde
tomé tus ojos almíbar,
la sonrisa golosa
al paladar de mis manos.

Fuimos dioses callejeando
en los arrabales de lo humano,
en los espejos chiquitos
donde el amor se acicala.

Nos encontró el sol de mayo
nadando en sus esquinas.
Yo sentí un golpear de remos
y tú mi murmullo de agua.

Se nos reveló el mar
en el umbral de un martes
y en su rumor salado
nos dejó soñar.

No es lo áspero,
ni esta corteza desnuda,
es el árbol que fuiste,
tu galope de río
atravesando los días.

Es lo concéntrico,
la ralladura de vetas,
el óxido cauterizado,
los nudos que recogen
el palpitar de raíces.

Acude a mis manos
tu posibilidad de brote,
el exudado de tu aliento,
el duramen de tu pecho,
la redención del silencio.

Porque no aprendimos antes
y no recordamos
que ya fuimos y estuvimos,
y ese encuentro causal
que nos desnudó de intenciones...

Porque quedó algo pendiente
y la complicidad afable,
y la primavera revenida
de un otoño abisal
y las ganas de amar intactas...

Apriétame las intenciones
y siente el reverso de la hoja,
la luz oculta en lo profundo,
el mar que nadie ha navegado.

Y en la huella del viento
el sueño que ahora puede ser
quizás el último...
de llevarnos juntos.

Déjame deshilar el futuro
y domar la impaciencia,
plantar en ti brotes de ternura,
hacer del amor nuestro alfabeto.

Porque todo pasa y nos pasa
y la luna nos amamanta
con su hálito de niebla
y su mirada ausente.

Así como todo se consume,
dejamos al tiempo ser recurso
con el inocente propósito
de alabar lo que quedase.

Y llegó este poema consuelo,
sororo, fraternal y abierto
como una humilde guarida
de apaciguado silencio.

Nos crecieron vers-ojos,
y mil partículas de risa
declinaron en las tardes
con sus colas de cometa.

Porque nunca fue invierno
aunque lo que quisiéramos
doliese, a veces,
y sonara a final.

Tantos paisajes inciertos,
y esa continua vigilia
de quienes habitan la poesía
con el lenguaje del cuerpo.

¿Quién no guarda silencios
profundos como pozos?
¿Quién no teme al singular,
más que a la amarga noche?

EL MUNDO, VIENTO

En algún lugar de la palabra
se esconde el plomo
que servirá para romper el sueño
o para atravesar muros o corazones.

M. CINTA MONTAGUT

Navegar en la sordera es naufragar a diario.
Somos los damnificados, los que dejaron de escuchar a la tierra
y se aparean con el miedo,
los que creyeron que el agua o su ausencia no daña,
los que olvidaron el nado y el llanto del día primero.
Somos los insatisfechos,
los que disputan el hambre y la sed
y se ahogan en sus propios fluidos,
los que no escuchan al cuerpo
y cualquier dolor les es ajeno, ajena la culpa, ajeno el juicio.

Amar es adorar la distancia con lo que se ama.

SIMONE WEIL

Uno acude a su conciencia   con menos frecuencia   que entra en los bares.
Uno se asoma al silencio   sin saber escuchar   y desde el aturdimiento.
Uno aprende a no hacer nada cuando su cuerpo lo expulsa del espacio-tiempo.
Uno acepta cualquier trabajo con mayor obediencia que le rinde a la muerte.
Uno se adentra en su propio lodo   hasta vaciar el cántaro para encontrarse.

Y en su pasar, a fuerza de probaturas,
            deja de culpar al resto
            de sus propias decisiones.

Los náufragos sufragan la red,
el atisbo de las certezas,
los pensamientos ceniza,
las palabras fetiche.

Porque el pasado no calla
y sale sin aderezo
sobre el lecho de las prisas,
a pisar las calles.

La congoja entre cielo y tierra
y el mar en medio,
el mar que empuja,
        el mar que oxida,
                el mar que entierra
a los desheredados.

Se arredra la incomodidad,
muerde los tobillos
de quienes fueron a ninguna parte
y cuelgan sus sueños
en el tránsito de la niebla.

Devasta este estar sin estar
y apuntalar los pies donde no nos pertenece
y llevar la conciencia en llaveros
que ni enseñan, ni abren puertas.

Y ellos dicen ERROR, y tú dices ERROR,
y también ERROR lo que yo digo,
para quienes no escuchan
y se pierden en el desfonde del cajón,
sin botiquín ni anestesia,
porque nadie aprendió a nadar   en una bañera.

En la vida todo es ir
a lo que el tiempo deshace.
Sabe el hombre donde nace
y no donde va a morir.

JUAN ANTONIO CORRETJER

Se pudre lo humano
entre los escombros,
en la sordina de este aire
de ataúdes sin nombre.

Perdemos todos.

Cómo entender si uno viene al mundo
o lo dejan caer como las hojas impávidas
sorteando el humo y la metralla
en mitad del ¿avance?

Discernir si pez o pájaro
en el reparto de oportunidades,
en esta lotería clasista
que nos etiqueta e interpreta
una vez expulsados del útero.

Para qué guardar la ira
en joyeros con música y bailarina,
o beber con miedo
este vivir abrupto y desordenado.

Lo global no tiene costuras
y de cerca o de lejos,
la mirada sesgada y los juicios
jugando a hundir la flota.

En la interminable noche
y el desabastecido amparo,
una nube de pólvora y barro
nos afea este no pronunciamiento.

Y el tiempo, indeleble
observa y hace recuento:
          muchas bajas = carencia,
          todos muertos = rotura de *stock*.

                    La vida ya no cotiza. Dónde mirar ahora.

(A propósito de la Dana)

El agua no debe estrangular,
pero a veces lo hace
apretando con sus largos dedos
los cimientos de las casas.

Pierde la lluvia su docilidad
y el torrente derriba las ramas.
Ramas que arrastran los puentes,
casas que acaban siendo agua.

Eran las ocho de la tarde
pero no hubo toque de queda,
ni se marcharon las nubes,
ni posibilidad de llegar al mar.

Cayó la larga noche
sobre el paisaje derrotado
y la agonía de tanta gente, ignorada,
buscando la salida.

Cómo quedar intacto
cuando el cántaro se rompe
y desaparecen ciudades
circuncidadas por cauces fluviales.
Quién reflotará el nombre de los ausentes
de las habitaciones sumergidas,
quién velará sus almas
entre los túmulos del barro.

Ahora que los supervivientes
desgajan las horas
y todo cuanto les duele
está fuera de ellos.

Ahora que está cautivo el tiempo
del agua que se ha ido al fondo,
de las laderas de cieno,
de las tormentas de polvo.

Ahora que las casas son un eco
y se erigen torres verticales
con montones de coches lisiados
que no irán a ninguna parte.

Ahora que hasta ser pájaro es triste
y solo se oye el canto de las máquinas
moviendo la tierra a puñados
sin un ajuar de esperanza.

(Incendio en el Alto Palancia. Año y medio después)

Hay que saber ser árbol,
también recostado y con la piel llagada
o como agujas enhebrando el monte,
lo que queda de él.

Mira huraño este bosque,
su áspero camino,
como un epílogo tronchado
del sacrílego fuego.

No araña el ramaje, la negritud,
sino el desasosiego hedor
ese crujir de muerte bajo los pies,
ese expirar ardiendo.

Cela el latido en seco
de la raíz vencida, del fruto entregado
como una alegoría donde los ojos
pierden la luz y el sueño.

Porque sois vivos y os miro
en la luminosa mañana,
yo contaré vuestra historia
veta a veta, palmo a palmo.

Yo cantaré el verde amargo
de estas áridas lomas,
desnudas, por si alguien se acerca
y le busca a esto algún sentido.

Yo encenderé este umbral de silencio,
el llanto en cada piedra,
los surcos de la honda tierra,
la sombra de quienes fuisteis.

Porque un día vendrá la lluvia
dorada y fina a bañar estos montes
con lentitud armoniosa,
y en su ritual de ablución os retornará la vida.

ÍNDICE